한국디카시학 디카시선 025

꽃 마려움

이종수 디카시집

도서출판 실천

꽃 마려움
한국디카시학 디카시선 025

초판 1쇄 인쇄 | 2024년 10월 8일
초판 1쇄 발행 | 2024년 10월 16일

지 은 이 | 이종수
펴 낸 이 | 이어산
엮 은 이 | 이어산
기 획 · 제 작 | 한국디카시학회
발 행 처 | 도서출판 실천
등 록 번 호 | 서울 종로 바00196호 　　등 록 일 자 | 2018년 7월 13일
　　　　　　| 진주제2021-000009호 　　　　　　　　| 2021년 3월 19일
서울사무실 | 서울특별시 종로구 율곡로 6길 36
　　　　　　 02)766-4580, 010-6687-4580

본사사무실 | 경남 진주시 동부로 169번길 12. 윙스타워지식산업센터 A동 705호
　　　　　　 055)763-2245, 010-3945-2245 팩스 055)762-0124

편 집 · 인 쇄 | 도서출판 실천
디자인실장 | 이예운　　　디자인팀 | 변선희, 김승현, 김현정

ISBN 979-11-92374-61-1

값 12,000원

* 이 책은 전부 또는 일부 내용을 재사용하려면 저작권자와 '도서출판 실천'의
  동의를 받아야 합니다.
* 이 책의 국립중앙도서관 출판예정도서목록(CIP)은 서지정보유통지원시스템(http://seoji.nl.go.kr)과 국가자료종합목록시스템(http://www.nl.go.kr/kolisnet)에서 이용하실 수 있습니다.
* 잘못된 책은 교환해드립니다

경남문화예술진흥원
GYEONGNAM CULTURE AND ARTS FOUNDATION
이 시집은 경남문화예술진흥원의 문화예술진흥기금을 지원 받아 발간되었습니다

꽃 마려움

이종수 디카시집

■ 시인의 말

사진 한장
마음 담은 글 한 줄에
그대 향기
훅 —
안기네

트롯 열풍처럼
디카시 바람이 분다
그림 그리듯 글을 쓰면 문학이 되고
노래하면 음악이 되고
글을 쓰듯 그림 그리면 미술이 되고
감정을 넣어 사진 찍으면
말을 걸어오는 디카시
예술은 한 뿌리가 아닐까?

2024년 가을
이 종 수

■ 차례

1부 자연의 향기 自然の香り

꽃마려움	·12·	花を咲かせたい心
꽃샘추위	·14·	花冷え
봄소식	·16·	春便り
모란	·18·	モクレン
봄	·20·	春(ポム)
설레임	·22·	ときめき
폭죽	·24·	爆竹
가속도	·26·	加速度
푸른 법당	·28·	青い法堂
풋사랑	·30·	淡い恋
버찌구찌	·32·	さくらんぼ
옹이 꽃	·34·	木の瘤
붉은 죄	·36·	赤い罪
접	·38·	接ぎ木
패션	·40·	ファッション(fashion)
불일탱화	·42·	仏日幀畫(仏画)

2부 자연의 소리 自然の音

단풍	·46·	紅葉
망태버섯	·48·	薄黄衣笠茸
벌짓	·50·	無駄
혼성듀엣	·52·	混声デュエット
아이디어	·54·	idea
헛꿈	·56·	そらゆめ
칡넝굴	·58·	葛の蔓
밀당	·60·	恋の駆け引き
낙화	·62·	落花
파산	·64·	破産
해탈	·66·	解脱
해바라기	·68·	ひまわり(向日葵)
노상방뇨	·70·	路上排泄
붉은 눈물	·72·	赤い涙
폐역에서	·74·	廃駅で

마음으로 본 시 心で見た詩

3부 삶의 무늬 生の模様

가족사진	· 78 ·	家族写真
부모	· 80 ·	親
기도	· 82 ·	望みの塔
부부	· 84 ·	夫婦
한마음	· 86 ·	一心
어울림	· 88 ·	マッチング(matching)
내조	· 90 ·	内助
인영	· 92 ·	印影
투잡	· 94 ·	Two jobs
방황	· 96 ·	彷徨
푸른 입	· 98 ·	(貧しい)あの時代
스캔들	· 100 ·	スキャンダル
천상의 길	· 102 ·	天上の街道
연명치료	· 104 ·	延命治療
호스피스	· 106 ·	ホスピス
대나무 꽃	· 108 ·	竹の花

4부 삶의 그림자 生の面影

하모니	· 112 ·	ハーモニー
돈	· 114 ·	お金
빈틈	· 116 ·	すき間
욕망	· 118 ·	欲望
아이러니	· 120 ·	アイロニー（矛盾）
산노루	· 122 ·	山の鹿
모던타임즈	· 124 ·	モダンタイムズ
눈높이	· 126 ·	目線
그날	· 128 ·	あの日
어떤 생	· 130 ·	ある一生
악플	· 132 ·	悪コメ(悪質コメント)
빗금	· 134 ·	斜線
손 도깨비	· 136 ·	手の中のお化け
허풍	· 138 ·	はったり屋(自慢話)
인생	· 140 ·	人生
노을	· 142 ·	夕焼け
해설	· 144 ·	解説

1부
자연의 향기 自然の香り

꽃마려움
花を咲かせたい心

꽃샘바람에
온몸을 비틀며 참았던
꽃마려움

고목나무에 휘갈겨 쓴
하얀 봄편지

花冷え風にも
全身をくねらせ耐えた
花を咲かせたい心

古木に書き散らした
白い春の手紙

꽃샘추위 花冷え

진달래벌판 마지막 전투

저 눈부신 밀당

눈속에 터져 나오는

연분홍 함성

つつじ原野の最後の戦い

眩しいほどの駆け引き

雪の中から溢れ出る

薄紅色の歓声

봄소식 春便り

봄비 소리에
버들강아지 놀라
털을 세우고

왕방울 같은 눈알로
두리번두리번

春さめの音に
コウライヤナギの実が驚き
毛を逆立てて

大粒の目玉で
きょろきょろ

모란 モクレン

봄볕이 내려앉아 꽃가지가
휘~청
꽃새가 깨어나
날개를 파닥거리네
빈 둥지가 소란스럽네

春の日差しが舞い降りて
花の枝がひょろひょろ
花鳥がさめて
羽をばたつかせる
空き巣が騒がしい

봄 春(ポム)

살며시 창을 열어 봄
두리번거려 봄
킁킁거려 봄

뭉클해 봄
아리고 저려 봄

そっと窓を開けてみる
きょろきょろしてみる
くんくん嗅いでみる

心がじんとする春
待ち遠しい春

＊韓国語で"春"と"みるの名詞形"は同じ発音の"ポム"です。発音のたのしさも感じてください。

설레임 ときめき

아지랑이 아롱아롱

마음은 싱숭생숭

엉덩이는 들썩들썩

꼼지락 꼼지락

발가락이 욕을 한다

かげろうゆらゆら

心はそわそわ

お尻はふるふる

何だかもぞもぞ

足の指が文句を言う

폭죽 爆竹

봄바람에 터져 나와

꽃비로

      날

         리

            는

화려한 미스테리

春の風に蕾がはじけて

花の雨で

舞い散る

華麗なるミステリー

가속도 加速度

개나리 진달래 목련 살구꽃 벚꽃 배꽃

차례로 줄 서서 오던 봄이

개진목살벚배 떼지어

여름을 물고 와서

헉헉거리네

レンギョウ,つつじ,木蓮,杏の花,桜,梨の花

順番に春が来ていたのに

みんな一度にやってくるから

すぐに夏が来てしまうよ

푸른 법당 青い法堂

연좌 위에 부처님

소리없는 황금법문

한 말씀 놓칠세라

귀를 세워 듣습니다

連座の上の仏様

無言の黄金法文

一言も逃さないように

耳を寄せます

풋사랑 淡い恋

불꽃 속으로

뛰어든 철부지

연기 없이 뜨거운 게

사랑인 줄 모르고

炎の中へ

飛込んだカエルの坊や

煙もなく熱いのが

愛だとはまだ知らない

버찌구찌 さくらんぼ

빨강 노랑 검정

멋부리고 자랑해도

한철 지나면

너나없이

까만 버찌가 되지

赤,黄,黒に

おしゃれしても

いっとき過ぎれば

みんなおんなじ

黒いさくらんぼになるの

옹이꽃 木の瘤

산다는 건

옹이 박힌 세월에

꽃 한 송이 피우는 일

生きることは

瘤の打ちこまれた年月に

一輪の花を咲かせること

붉은 죄 赤い罪

이 고혹적인 유혹을

뿌리치는 건 유죄

이 매혹적인 입술로

무슨 말을 하든 무죄

この蠱惑的な誘惑を

突き放すのは有罪

この魅惑的な唇で

何を言っても無罪

접 接ぎ木

생살을 찢고
상처에 상처를 덧대

네 혈관 속으로
내 피가 흘러
눈부시게 푸른 날

生皮を裂いて
傷口に傷を重ねて

君の血管の中へ
僕の血が流れて
まばゆいばかりの青い日

패션 ファッション(fashion)

매미 등짝에도
땀방울이 흐르는 날
숭숭 뚫린 여름옷이
시원하겠다

아! 시리고 아픈 상처인 것을

セミの背中にも
汗が流れるほど蒸し暑い日
穴だらけの夏服が
気持ちよさそうだね

あ,でも!
しびれるほど痛い傷なんだよね

불일탱화 仏日幀畫(仏画)

바람으로 쓰고

바람이 읽어주는

바람벽에 새긴 경전

색즉시공 공즉시색

風で書いて

風が読んでくれる

風壁に刻まれた経典

色即是空 空即是色

2부
자연의 소리 自然の音

단풍 紅葉

저문 가을산에 번지는 불길
시린 겨울밤
알몸으로 밤을 새우는
겨울나무를 위해
군불을 넣는다

暮れる秋山に広がる炎
迫る冷たい冬の夜
裸で夜を明かす
冬の木のために
火をたいているね

망태버섯 薄黄衣笠茸

비 개인 산길에 망토 아가씨

종종걸음칠 때마다

언듯언듯 보이는 속살

" 훔쳐보지 마요 "

앙칼진 목소리

雨上がりの山路にマントを羽織った娘さん

ちょこちょこと歩くたび

ちらっと見える透いた肌

"のぞき見しないで!"

刺々しい声

* 薄黄衣笠茸は毒キノコです

벌짓 無馱

입에 단내가 나도록 뛰어도

빈집은 늘 남아있고

황금빛 미래는

보이지 않고

どんなに頑張って働いても

空き家は埋まらない

黄金色の未来は

見えもせず

* 韓国語で「無駄な行為、余計なこと」を「벌짓」と言います。ここで「벌짓」の「벌」というのは「蜂 (벌)」ですし、「짓」というのは「行動、事」の意味です。なので「벌짓」というのは「蜂の行動」でありながら「無駄なこと、余計なことをする」との意味もあります。庶民は蜂のようにいつもの通り「頑張って仕事をする(벌짓)」のですが、それはすべて「余計なこと(벌짓)」になってしまい、「稼ぎ(収入)」も減り、だから空き巣も減らない暗鬱な今の世の中をたとえた詩である.

혼성듀엣 混声デュエット

갈색 머리 갈대

흰머리 억새

텅 빈 속을 울려

노래하는 낭만 가객

茶髪の葦

白髪頭のススキ

からっぽの体を響かせ

歌う浪漫の歌客

아이디어 idea

떠오를 때

확 낚아채야지

낚싯대가 휘어지도록

아무도 모르게

浮かびあがるときに

ぱっと奪いなさい

釣り竿がしなるほどに

しー!内緒だよ

헛꿈 そらゆめ

푸른 기둥을 세우고

허공에 둥지를 트는

야무진 꿈

青い柱を立てて

空に巣を作ったのね

鬼が笑う

* 鬼が笑う: 귀신이 웃는다
  "장래를 예측함의 어리석음을 비웃는 말"로 쓰입니다.

칡넝굴 葛の蔓

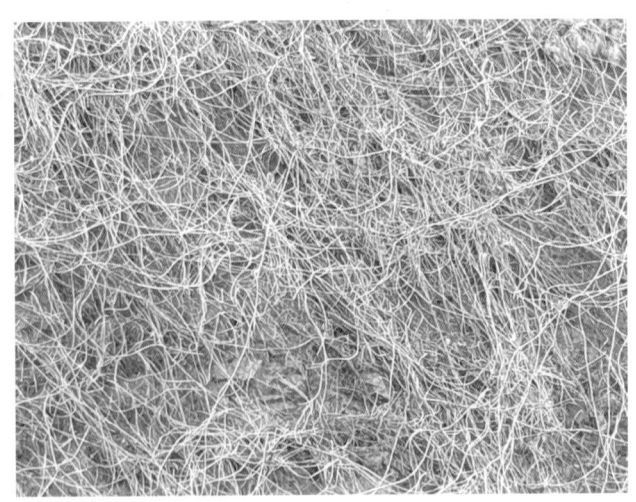

무작정 달려들어 목을 조르고
머문 자리마다 깃발을 꽂는
야산의 깡패

돌아보니 너도
참 어지럽게 살았구나

むやみに飛びかかって首を絞めて
とどまった場所に旗をさす
野原のごろつき

でも振り返ってみれば君も
目まぐるしく暮らしてたんですね

밀당 恋の駆け引き

얼었다 녹았다

풀었다 조였다

조각조각 쌓아 올린

사랑의 울타리

凍ったり溶けたり

緩めたり締めたり

一片一片積み重ねた

愛の囲い

낙화　落花

푸른 작업복 갈아입고

꽃자리마다 햇살을

비벼 넣어야 할 때

青い作業服を着替えて、

花むしろごとに日差しをかけて

混ぜないといけない時

파산 破産

찢어진 깃발 아래
깃대만 푸르다
간밤 무서리
피다 만 꽃봉오리

破れた旗の下
旗竿だけ青い
ゆうべの初霜
咲ききれなかったつぼみ

해탈 解脫

훌훌 벗어던지고

마디마디 허공을 담아

하늘에 닿은 푸른 깨달음

바람에 흔들려도

꺾이지 않는

皮をさっと脱ぎ捨てて

節々に空を取りこみ

天に至った青き悟り

風にゆれても

折れることなし

해바라기 ひまわり

살아서 태양만 바라보고
죽어서도 꼿꼿한 너는
허리 굽힐일 많은세상 모르겠구나

온몸을 비틀며 일어서야 하는
그늘진 세상을.....

生きている間太陽ばかりを見つめて
枯れて死んでもまっすぐなお前は
頭を下げることも多い世の中を知らないんだね

全身をよじりながら立ち上がろうとする
陰った世の中を...

노상방뇨 路上排泄

속살까지 물들어

갈바람에 취해 비틀거리다가

허리춤 사이로

터져 나오는 가을볕

肌まで染まった

秋風に酔ってよろめきながら

腰の間から

噴き出す秋の日差し

붉은 눈물 赤い涙

잘 돼도 걱정

못 돼도 걱정

감 풍년에 시름도 풍년

글썽이는 가지마다

흔들리는 붉은 농심

うまくいっても心配

いかなくても心配

豊年なのに憂いも豊年

涙ぐむ枝ごとに

揺れながら赤く燃える農心

폐역에서 廃駅で

길 잃은 이정표

오가는 이 없는 플랫폼

녹슨 철길 위로

정시에 도착한 가을이

도란도란 걸어 나온다

いらなくなった標識

人影もないプラットフォーム

さびた線路から

時間どおり着いた秋が

おしゃべりしながら降りてくる

마음으로 본 시 心で見た詩

3부
삶의 무늬 生の模様

가족사진 家族写真

잎 줄기 꽃봉오리 덩굴손
담장 위에 한 가족
동그랗게 둘러앉아
찰칵

뿌리는?

葉っぱ
茎
つぼみ
巻きひげ
塀の上にそろった家族
可愛らしくまるく座って
パシャリ

あれ　根っこは？

부모 親

하나 둘
떠나보내고
마른 줄기 위에 꽃자리

점점이 찍힌
근심 반 그리움 반

ひとりふたりと
見送って
枯れた茎の上の花筵(はなむしろ)

点々に刻まれた
心配半分恋しさ半分

기도 望みの塔

돌 하나 올려놓는 것은
가슴 속 돌덩이 하나 내려놓는 일
하
나
둘
시름을 덜어 소망을 쌓는
간절한 기도소리

石を一つ載せるのは
心の中の石の塊をひとつ下ろすこと
ひとつ
また
ひとつ
憂いを除き望みを積む
切なる祈り声

부부 夫婦

다시 한번

뜨겁게 타오르고 싶다

마주 보고 동그라미 그리며

설레던 그때처럼

もう一度

熱く燃え上がりたい

向き合って年輪を刻みながら

ときめいたあの時のように

한마음 一心

으라차차!

마음만 맞으면 못할 게 없지

천년 세월인들 무거우랴

ウラチャチャ!

心をひとつにすれば何でもできる

千年の星霜だって重くはないはず

어울림 マッチング(matching)

잔디 위에 떨어지면

낙엽도 꽃이 된다

우리가

만난 것처럼

芝生の上に落ちたら

落ち葉も花になる

私たちが

出会ったように

내조 內助

짜지도 싱겁지도 않게

알 듯 모를 듯

스며들어야

잘 익은 김치처럼

しょっぱくも味気なく、

分かるような分からないような

染み込んでこそ

おいしいキムチのように

인영 印影

말(言)이 뛰어넘지 못하도록

행간에 철조망을 치고

빨간 자물통

콱

채우는 것

言葉が飛び出さないよう

行の間に鉄条網を張って

赤い錠を

しっかり

かけること

투 잡 Two jobs

기름통을 뒤집어쓰고

기타 치는 허수아비

요즘 세상에

참새만 쫓다가는

밥도 못 먹습니다

オイル容器を頭にかぶり

ギターを弾くかかしさん

今のこのご時世

スズメを追い払うだけでは

食べてゆけません

방황 彷徨

뒤죽박죽 뒤엉켜

파랗게 질린 시간들

쉬지 않고 돌아가는

시곗바늘

ごちゃごちゃもつれあって

真っ青になって乱れた文字盤

それでもきちんとまわる

時計の針

푸른 입 (貧しい)あの時代

그래

너 하나라도 잘돼야지

입 하나 덜겠다고

식모살이 간 누이

そうね

あなただけでも成功しなきゃと

ひとり分の食費を減らすため

出稼ぎに行った姉

스캔들 スキャンダル

꼬리에 꼬리를 물고
하늘을 날다가

뚝 –
떨어져
나뒹굴어지기도 하는

尻尾と尻尾でつながって
空を飛びまわり

ぼとん…
落ちて
あちこち転げまわる

천상의 길 天上の街道

새털구름 날리는 날
배낭 속에 사랑담아
추억 속을 걷네
천국 길도 도란도란
함께 가겠네

絹雲が舞う日
リュックの中に愛をつめ
思い出の中を歩く
天国への道もこんな風に
歩けたらいいね

연명치료 延命治療

저승 사다리에 올라
가쁜 숨길 사이로
내미는 푸른 손

저 손 꼭 잡아주면
힘줄이 돋을까?

あの世へのはしごを上がりかけ
息苦しい呼吸の合い間に
差し出す青き手

あの手をぎゅっと握ってあげれば
力が湧くだろうか

호스피스 ホスピス

삶과 죽음의

팽팽한 줄다리기

만장(輓章)처럼 펼친 날개

글썽이는 눈물

生と死の

張り詰めた綱引き

輓章のように広げた翼

うるうる涙

대나무꽃 竹の花

죽어 가면서도
군자는 꽃상여를 타야 한다고
온몸에 꽃을 피우는
못 말리는 허세

死にかけても
君子は花の輿に乗らなければならないと
全身に花を咲かせる
止められない空威張り

＊동양화 4군자 : 梅,蘭,菊,竹

4부
삶의 그림자 生の面影

하모니 ハーモニー

파도처럼 춤춰야 노래가 되지
둥글어져야 파도 소리가 나지
모난 성깔 죽여야
하나가 되지

波のように踊れば歌になる
丸くなれば波の音になる
怒りはおさえて
ひとつになる

돈 お金

구린내 참아가며

허리 굽히지 않으면

언제나 빈손에

가득한 가난

臭いをこらえ

腰を低くしないと

いつも手にできるのは

貧しさだけ

빈틈 すき間

무너질 듯

불안해도

태풍도 비켜 가는

야무진 틈새

崩れそうで

不安だけど

台風にも耐え抜く

頼もしいすき間

욕망 欲望

아래를 밟고 오른다

밟을수록 높이 오른다

오를수록 많이 흔들린다

중심은

늘 아래에 있다

下を踏んで登っていく

踏むほどに高くなる

上がるほどたくさん揺れるのは

重心が

いつも下にあるから

아이러니 アイロニー

검은 갑옷을 입고

햇살에 맞아 죽어가는 산

탄소를 줄이기 위해

산소공장을 파괴하는

黒いよろいを身にまとい

日差しで死にそうな山たち

炭素を減らすためだって

酸素の工場を破壊しているのにね

산노루 山の鹿

대패질 소리에 놀라

판자 속에서 뛰어나온

산 노루

놀란 눈망울

かんな掛けの音に驚いて

板の中から顔出した

山の鹿

驚いた瞳

모던 타임즈 モダン・タイムズ

시간은 사람을 돌리고

사람은 시계를 돌리고

돌고 도는 세상

時間は人を回して

人は時計を回し

回り回る世の中

눈높이 目線

무얼 찾고 있을까?

저 높은 곳까지 올라가

보살펴야 할 것들은

늘 낮은 곳에 있는데

何を眺めているのか

あんなてっぺんまで登ってさ

気にかけるべきことは

常にどん底にあるのに

그 날 あの日

푸른 생명들이
두 팔을 흔들며
살려달라 아우성이다

그날처럼….

青き命の群れが
両腕を振りつつ
助けてくれと泣きわめく

あの日のように…

어떤 생 ある一生

무슨 형벌로 태어났기에

물고문만 당하다

머리채를 잡혀 나와

목이 잘리는가

何の刑罰で生まれたから

水攻めにされたあと

髪の毛をつかまれた

首を切られるのでしょうか

악플 悪コメ(悪質コメント)

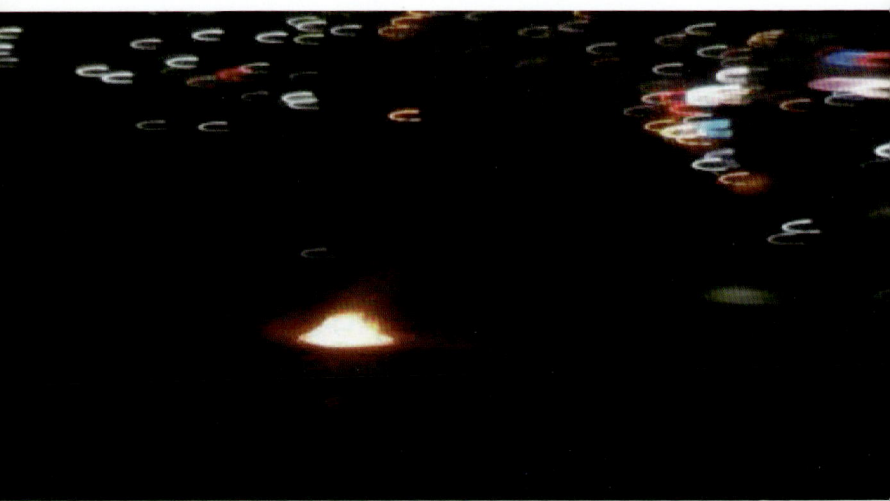

깜빡이는 커서 너머로

어둠 속에서 낄낄거리는

악마의 미소

瞬きするカーソル越しに

暗闇の中でくすくす笑う

悪魔の微笑

빗금 斜線

눈물을 눈물로 지우고

지워진 눈물 위에 새긴 상처

육신은 흩어지고

상처만 또렷하다

涙を涙で消して

消された涙の上に刻んだ傷

肉体は散らばり

傷だけがはっきり残る

손 도깨비 手の中のお化け

호주머니 속에 도깨비가 산다
어른이나 아이나 도깨비와 씨름을 한다

도깨비가 판치는
도깨비 같은 세상에
불통으로 소통하는

ポケットの中にはトッケビが宿っている
大人も若者もトッケビと相撲をとる

トッケビがはびこる
トッケビのような世の中に
不通で疎通する

＊"トッケビ"は韓国語で"鬼"や"お化け"を指す言葉

허풍 はったり屋(自慢話)

왕년에 산보다 큰 날개로

구만리 장천을 날았지

지금은

손바닥만 날개 파닥이며

나뭇가지 사이를 날아다니지만

昔は山より大きな翼で

九萬里の大空を飛び回ったものだ

でも今は

手のひらぐらいの翼で

木の枝の間を飛び回るだけ

인생 人生

어제나 오늘이나

그날이 그날인데

세월에 금 그어 놓고

달음박질친다

숨이 턱에 닿도록 .....

昨日も今日も

変わらないのに

年月に線を引いて

走っている

息切れするほど

노을 夕焼け

남은 餘命(여명)을 모두 태워

하루를 지우고

다시 시작하는 새날을

준비하는 것

余命をすっかり燃やして

ある一日を消して

新たに始まる日を

準備しようとするもの

□ 이종수 디카시집 『꽃 마려움』에 관한 해설

景-想의 에헤야

윤재근(문학평론가_有山 尹在根)

우리 시단(詩壇)에서 디카시를 백안시하려는 기류가 있음을 모르는 바 아니다. 아날로그 시대는 각 분야의 개별성(個別性)을 중시했지만 디지털 시대는 각 분야의 융화(融和)를 추구하려 한다. 이미 디지털 시대가 시대정신을 사로잡고 있다. 때맞춰 시단도 다른 분야와 융화를 외면해서는 안 될 터이다. 이에 시(詩)와 사진의 만남은 디지털시대를 마주해 사진과 융화하려는 시도로 필연일 수 있다. 시(詩)도 시대를 외면할 수 없는 까닭이다. 이런 점에서 시인 이종수는 시와 사진의 융화로 새로운 길을 넓혀 가려는 시격(詩格)을 시도하고 있음을 디카시로 보여

준다. 시격(詩格)이란 시를 짓는 법칙을 뜻하는 선대(先代)의 술어이다. 그는 시격도 디지털 시대의 융화를 외면할 수 없다는 시 정신을 갖추고 있으니 그의 시격(詩格)을 주목해야 할 일이다.

그의 첫 디카시집에는 시(詩)가 사진을 따라가는 경우가 많았다. 이에 〈睢 찰칵〉이란 제(題)로 발문을 쓴 적이 있다. 사진이 주(主)이고 시가 종(從)이라는 생각을 갖게 하는 시들이 『睢 찰칵』에는 많았다. 그래서 〈부릅떠 볼 휴(睢)〉 자(字)로 발문의 제목을 달았고, 디카시집 첫 발문에서는 시(詩)와 사진이 융화되어야 한다는 문제를 제기하지는 않았다. 디카시를 처음 시도하는 시인의 시격(詩格)을 살펴보자면 좀 기다려봐야 한다는 생각이 앞섰기 때문이었다. 그의 두 번째 디카시집 원고를 받고 이번에는 디카시의 시격(詩格)을 중심으로 살펴봐도 될 터이란 생각이 들었다. 두 번째 디카시집의 시를 보면 첫 시집과는 그 시격(詩格)이 달라졌음이 드러났다. 이제 시와 사진이 주종(主從)으로 만나지 않고 시와 사진이 융화(融和)하여 디카시의 시도(詩道)를 넓혀

가고 있음을 마주하고 나도 모르게 "에헤야"라 구음(口吟)이 터졌다.

"에헤야"는 지리산 북녘 함양(咸陽) 민요에 붙는 떼창인 "에야 두야 에헤야"의 맨 끝 구음(口吟)이다. 반가움을 만끽하면 툭 튀어나오는 구음 끝자락이 "에헤야"이다. 시단(詩壇)에서 환영받지 못하는 "디카詩"가 산문시보다 오히려 시(詩)의 즐거움을 누리게 하여 나도 모르게 절로 "에헤야"가 터져 기쁘고 즐거웠다. 지금 한국현대시는 대부분 우리말의 가락을 저버리고 우리 본래 시격(詩格)을 버렸는지라 산문으로 글짓기하는 현대시에선 "에헤야"를 질러대는 즐거움을 누리기 힘들다. 시조(時調)의 정형(定型)마저 당시(唐詩)의 정형(定型)인 기승전결(起承轉結)로 풀이하는 지경인지라 어찌 우리 현대시가 본래 시격(詩格)을 찾아 따르겠는가. 한국시단(韓國詩壇)에는 산문시 뿐이고 운문시(韻文詩)란 없어진 터이라 우리의 본래 시격(詩格)은 소멸(消滅)되어버린 셈이다. 그런데 시인 이종수의 두 번째 디카시집 원고를 살피면서 사진과 시가 융화(融和)되었음을 보고 우리 본래 시격(詩格)이 살아날 수 있다는 암시를 받았다. 비록 「벌짓」이란 디카시가 산문시이지만 우리 본래 시격(詩格)인 기경결해(起景結解)를 회생(回生)시킬 수 있다는 암시를 받아 순식간 내 입에서 "에헤야"라 터졌다.

입에 단내가 나도록
뛰어다녀도 빈집은 늘 남고
황금빛 미래는 보이지 않고

_「벌짓」

디카시는 사진이 기경(起景)을 맡기 때문에 시는 결해(結解)만 맡아도 즐거움을 흠뻑 누릴 수 있는 디카시가 「벌짓」이다. 「벌짓」의 기경(起景) 즉 경물의 (景:image) 드러남은(起) 몹시 융성하고 화려하다. 우람한 황금빛 꽃송이들이 질펀한 꽃밭에 벌들이

꿀샘에 머리를 박고 꿀 따기에 여념이 없음이 「벌짓」의 기경(起景)이다. 「벌짓」의 기경(起景)은 화려하고 풍요롭다. 기경(起景)을 요즈음은 상(像)이라 하거나 〈이미지(image)〉란 영어를 쓰는 탓으로 잊혀가는 술어(術語)이다. 「벌짓」은 기경(起景)을 사진에 맡겨버리고 결해(結解)만 읊고 있다. 「벌짓」의 결해(結解)는 서글프고 쓸쓸하며 서러운 상(想)으로 드러나 왜 「벌짓」의 화려하고 풍요로운 기경(起景)을 누리지 않고 돌아서버릴까? 왜 화려하고 풍요로운 기경(起景)으로 말미암아 서글프고 쓸쓸하며 서러운 상(想)을 사무치게 하는 우리네 시골 삶으로 돌아오게 하는가? 「벌짓」은 빈집들이 점점 늘어나고 젊은 이들은 떠나고 노인들만 서로 의지하며 살아가는 시골 풍정(風情)을 쓸어 담게 상(想)을 긴장시킨다. 그 절규가 산문시보다 더 절실함을 마주하게 한다. 상(想)이란 사사(寫思) 즉 생각을(思) 마주함(寫)인지라 사진의 기경(起景)이 촉발(觸發)하는 상(想)이야말로 말로 빚어내는 경(景:image)보다 훨씬 더 절실함을 시인은 깨닫고 있음이다. 〈결해(結解)의 결(結)〉은 기경(起景)의 경(景)이 심중에 맺히게 한 상(想)이고 〈결해(結解)의 해(解)〉는 맺힌 상(想)을 풀어줌이다. 우리 시가(詩歌)는 변함없이 한(恨)을 풀라고 했지 날카롭게 한을 맺히게 하지 않았다. 그러나 우리 현대시는 서구(西歐)를 모방하면서 예기(銳己) 즉 자의식을(己) 날카롭게 하라고(銳) 줄기차게 요구한다. 본래 우리 시격(詩格)은 예기(銳己)하라가 아니라 무기(無己) 나의 의식을(己) 없애라(無) 했다. 내 의식이 날카로워질수록 나는 즐거움을 누릴 수 없음을 우리 선인(先人)들은 깨닫고 살았다. 이처럼 서구(西歐)의 〈poetry〉와 우리 시격(詩格)의 본분(本分)이 다름을 우리 현대시는 외면하고 있는 중이다. 그러나 디카시 「벌짓」은 맺힌 한(恨:consciousness)을 맺혀두지(結) 말고 풀라 한다. 「벌짓」의 화려하고 풍요로운 기경(起景)을 서글프고 쓸쓸하며 서러운 상(想)으로 상화(相和)시켜 디카시가 결코 사진의 설명(說明: caption)으로 멈춰선 안 됨을 암시하고 있어 너무도 반가웠다.

『三國遺事』제3 노례왕(弩禮王) 조(條)에 노례왕(弩禮王)이 처음으로 도솔가(兜率歌)를 지어 부르자 향가를(詞腦) 짓는 법칙이(格) 생겼다(有)는 내용이 나온다. 사뇌(詞腦)는 향가(鄕歌)의 본말이다. 사뇌격(詞腦格)의 격(格) 즉 작시(作詩)의 법칙(法則)이 어떤 것일까 궁금해 오다가 판소리계에서 판소리사설(辭說)을 짚어갈 때 〈매고달고(起景) 맺고풀고(結解)〉란 술어(術語)를 자주 씀을 알게 되었다. 순간 사뇌격(詞腦格)의 격(格)을 가늠케 하는 놀라움을 겪은 다음부터 기승전결(起承轉結)은 당시(唐詩)의 시격(詩格)이고 기경결해(起景結解)가 곧 우리 시격(詩格)을 암시함을 깨달아 나도 모르게 "에헤야"가 터졌다. 시인 이종수의 디카시 [벌짓]의 사진과 시를 마주했을 때 "에헤야"가 터졌던 까닭은 [벌짓] 사진의 기경(起景)을 시가 결해(結解)하여 사진과 시가 상반(相反)되지만 오히려 절묘하게 융화(融和)하고 있어서 이 역시 "에에헤"야이다.

하나 둘

떠나보내고

마른 줄기 위에 꽃자리

점점이 찍힌

근심 반 그리움 반

_「부모」

 디카시 「부모」 앞쪽은 사진의 기경(起景)이 맺히게 한 〈결(結)〉 즉 마음속의 맺힘(結)이고 뒤쪽은 그 맺힘(結)의 〈해(解)〉 즉 풀어버림(解)이다. 시인은 사진이 말로 그려내는 기경(起景)보다 사진의 기경(起景)이 상(想) 즉 심중의 맺힘을(思) 더욱 절절히 마주하게 함을(寫) 사무치게 깨닫고 있다. 이에 「부모」는 시의 한 장르로 디카시가 자리매김함과 동시에 시단(詩壇)의 산문시 타성(惰性)에서 벗어나려는 시인의 심중(心中)을 암시하고 있다. 낱말 띄어쓰기 문법(文法)을 따르고 있는 산문시 「부모」를 띄어쓰기 문법(文法)을 팽개치고 아래와 같이 운문시 시격(詩格)을 취했다면 시단(詩壇)의 산문시 타성(惰性)에서 벗어난 디카시로서 디지털 시대를 마주하는 새로운 시격(詩格)을 노골적으로 보여주었을 터이다:

하나둘 떠나보내고
마른줄기위에 꽃자리

점점이찍힌
근심반 그리움반

위의 「부모」는 산문시가 아니라 운문 디카시이다. 산문은 띄어쓰기 문법을 따르는 글짓기이고 운문은 띄어쓰기 문법이란 구속을 벗어나 숨결의 가락을 타는 말하기이다. 시(詩)란 산문 글짓기가 아니라 숨결을 타는 말하기의 운문이란 것은 세계 보편임을 한국시단이 외면한지 100년이 가까워지고 있다. 이런 타성을 극복하려는 운문시를 시인 이종수가 이미 깨우치고 있다는 징후를 〈떠나 보내고〉로 띄어쓰기 하지 않고 〈떠나보내고〉 말하기로 운(韻) 즉 숨결을 타는 말을 읊게(韻) 처리한 데서 엿보인다. 앞으로 디카시의 시격(詩格)을 운문으로 시도할 터임을 암시하고 있는 징후(徵候)로 받아들일 수 있어서 이 또한 "에헤야"이다.

산문시를 버리고 운문시로 돌아옴이란 시인 자신이 띄어쓰기 문법을 팽개치고 숨결 따른 말하기로 가락을(韻) 자유롭게 지어냄을 뜻한다. 시인의 창작이란 운(韻)이지 경(景)이 아님을 한국시단이 뒤늦게 나마 알아챘으면 한다. 경(景:image)이란 발견하는 것이지 창작되는 것이 아니다. 이를 알아챈다면 한국시단이 어문정책(語文政策)인 띄어쓰기 문법을 팽개치고 구속받지 않을 터임을 시인 이종수는 알아채가고 있다는 암시를 받게 한다. 그렇게 된다면 우리가 서구(西歐)의 시적허용(詩的許容: poetic licence)을 부러워하지 않아도 될 터이다. 앞으로 디카시를 운문으로 창작한다면 산문시 일색인 시단(詩壇)의 타성에 충격을 가하게 될 터임을 믿어 의심치 않는다. 산문 디카시로써는 한국시단의 타성을 벗어나지 못할 것이며 곁가지로 홀대받는 처지를 벗어날 수 없다는 것을 여러 시편이 암시해주고 있다. 두번째 디카 시집을 마주하면서 시인 이종수의 세번째 디카시집은 띄어쓰기 문법의 순종을 팽개치고 숨결 타는 말가락의 운문 디카시를 담아 상재(上梓)하리란 예감이 닥쳐와 "에헤야" 기쁘다.

〈poetic licence: 시적 허용 (詩人이 詩에서 보통의 형식, 문법, 사실 등을 위반할 수 있는 자유)〉